ASSOCIATION

POUR LA DÉFENSE

DE LA LIBERTÉ COMMERCIALE

ET INDUSTRIELLE

ET POUR

LE MAINTIEN ET LE DÉVELOPPEMENT

DES TRAITÉS DE COMMERCE

Conférence tenue au Théâtre du Château-d'Eau le 16 Février 1879

LA QUESTION DES TRAITÉS DE COMMERCE

Par M. JULES SIMON, Membre de l'Institut, ancien Ministre, Sénateur.

SIÈGE SOCIAL :

Rue Bergère, 35, à Paris.

—

1879

ASSOCIATION POUR LA DÉFENSE

DE LA

LIBERTÉ COMMERCIALE & INDUSTRIELLE

ET POUR

le maintien et le développement des Traités de Commerce

CONFÉRENCE TENUE AU THÉATRE DU CHATEAU-D'EAU

Le Dimanche 16 Février 1879.

M. Ad. d'Eichthal présidait la réunion, assisté des présidents honoraires, des vice-présidents et des membres du Comité de l'Association auxquels s'étaient joints un certain nombre de sénateurs, de députés, de membres de l'Institut et des Chambres de Commerce de France.

L'assistance comprenait près de deux mille personnes, parmi lesquelles la plupart des représentants des Puissances étrangères qui avaient tenu à entendre la conférence dans des loges spécialement mises à leur disposition.

A deux heures un quart, M. Ad. d'Eichthal ouvrait la séance par le discours suivant :

MESDAMES, MESSIEURS,

La coutume veut qu'à l'ouverture d'une séance de conférence, le Président, dans une simple allocution, expose l'objet de la réunion et présente le conférencier à l'assemblée.

C'est pour me conformer à l'usage que je prends la parole pour peu d'instants.

Le nom de celui que vous avez mis tant d'empressement à venir écouter me dispense de vous rien dire de lui.

Votre juste impatience de l'entendre me fait un devoir d'une extrême brièveté dans l'accomplissement de la première partie de ma tâche.

Vous savez tous combien l'abaissement des droits de douane

a depuis vingt-cinq ans contribué par le développement du travail à l'augmentation de la richesse dans toutes les parties du pays.

Vous savez aussi avec quelle violence quelques intérêts privés attaquent ce régime salutaire, et en particulier les traités de commerce qui nous ont donné le moyen d'accroître nos exportations dans une si grande proportion et d'assurer aux affaires industrielles et commerciales la stabilité indispensable.

S'ils réussissaient à obtenir un retour au système des droits de douane élevés, ou, en réalité, des droits prohibitifs, nous verrions le travail national dont ils se prétendent les protecteurs, et, avec lui, la prospérité, cesser de s'accroître et très-probablement aller en diminuant.

Notre Association, fondée pour combattre ces dangereux ennemis du principe de la liberté commerciale, a fait appel au patriotisme de M. Jules Simon.

Nous lui exprimons ici notre reconnaissance, que vous partagerez, pour l'empressement avec lequel il a consenti à donner l'appui de sa parole à la cause que nous défendons.

Nous savons d'avance qu'après l'avoir entendu, la conviction aura augmenté chez ceux qui sont déjà convaincus, qu'elle se sera faite dans l'esprit de ceux qui hésitent encore.

Nous espérons qu'en sortant de cette enceinte chacun de vous se fera à son tour le propagateur zélé de la doctrine de la liberté des transactions, qui assure à tous la vie à bon marché et le bien-être.

Vous répéterez que fermer nos portes aux produits étrangers a pour but avoué et aurait pour effet inévitable d'élever le prix de toutes choses, d'en réduire ainsi la consommation et, par suite, de diminuer le travail et le bien-être général.

La parole est à M. Jules Simon.

M. Jules Simon. Messieurs, il y a, je crois, quinze jours, j'ai assisté à une conférence donnée par l'Association que vous voyez devant vous, et j'y ai entendu notre thèse soutenue avec un très-grand talent par deux orateurs qui sont accoutumés à la traiter à fond ; je ne puis guère aujourd'hui que reprendre le même sujet avec les mêmes arguments ; mais nos amis ont pensé qu'il était nécessaire de populariser notre doctrine, et que, peut-être, à force de nous répéter, nous réussirions à triompher une bonne fois de préjugés sans cesse vaincus, et sans cesse renaissants.

Nous ne venons pas, d'ailleurs, ici en qualité de libre-échangistes ; — non pas qu'aucun de nous ait la pensée de cacher son drapeau, cela ne peut se faire avec honneur, ni en économie ni en politique : mais je veux dire que, quoique libre-échangistes, ce n'est pas le libre échange que nous proposons en ce moment. Nous ne réclamons même pas de réduction de tarifs. Nous demandons tout simplement à rester dans le *statu quo*, à conserver les traités qui existent ou qui, du moins, n'ont pas été officiellement et définitivement rompus. Quand on a fait ces traités, en 1860, on a bien commis quelques erreurs matérielles dont tout le monde s'aperçoit à présent ; ces erreurs-là, il faudra les rectifier ; l'industrie a fait certains mouvements, certaines évolutions qui ne se concilient pas absolument avec toutes les stipulations faites à cette époque ; il est naturel aussi d'en tenir compte, et cela peut se faire d'un commun accord entre les parties ; mais enfin, pour exprimer nettement la situation que nous voulons prendre dans la crise actuelle, et celle, messieurs, que je prends dans la discussion d'aujourd'hui, nous disons que nous demandons le *statu quo*, le maintien des traités de 1860.

Cette situation ne correspond pas précisément à celle que prennent nos adversaires : non-seulement ils renoncent aux traités et veulent les remplacer par un tarif général des douanes, mais dans les articles de ce tarif, ils proposent des relèvements de droits dont quelques-uns équivaudraient à des prohibitions. Pour nous, nous ne demandons pas, aujourd'hui, qu'on aille en avant ; mais nous tenons beaucoup, nous tenons absolument à ce qu'on n'aille pas en arrière. (Marques d'approbation. Très-bien ! très-bien !)

Nous reconnaissons que les industries qui se plaignent le plus sont, en effet, celles qui souffrent le plus de la crise actuelle. Elles sont douloureusement, cruellement frappées, quoique, à notre avis, elles ne le soient pas mortellement. Aussi, aurons-nous soin, en discutant les théories qu'elles nous opposent, de le faire avec toute la courtoisie et tous les égards dus à des chefs d'industrie qui ont rendu, et rendent encore des services au pays, qui éprouvent, en ce moment, des souffrances réelles, et que nous entourons, à ce double titre, et malgré les différences d'opinion qui nous séparent, de tout notre respect. (Applaudissements.)

Tous les traités conclus en 1860 sont maintenant arrivés à leur terme. Pour se donner le temps de négocier, on a eu recours à des conventions provisoires, qui ramenaient toutes les échéances à une date commune ; mais ces conventions elles-mêmes sont expirées. Il n'existe plus d'autres règles, pour le commerce international, que l'absence de toute règle, et une sorte de résolution commune de vivre sur les anciennes conventions jusqu'à ce qu'elles aient été remplacées par quelque autre chose. Mais, à chaque instant, cette trêve, que rien ne sanctionne, peut être rompue, et on nous l'a fait voir à nos dépens dans deux circonstances que vous avez tous présentes à l'esprit; de telle sorte qu'au moment où je parle le commerce et l'industrie ne savent pas sur quoi ils reposent, ni comment ils vivent. Protectionnistes et libre-échangistes, tout le monde est d'accord sur un point, sur un seul : c'est sur la nécessité d'arriver à quelque chose de sérieux et de définitif, et de ne pas être exposés, tous les matins, aux caprices d'un Etat voisin ou même à nos propres caprices.

Le Gouvernement a pris sur lui de dénoncer les traités, sans préjuger la question, dit-il, et uniquement pour nous rendre maîtres de nos résolutions ultérieures. En même temps, il a saisi le Parlement d'un projet de tarif général, délibéré par le conseil supérieur du commerce. Les protectionnistes, jugeant que la crise actuelle leur fournirait des adhérents dans toutes les industries en souffrance, ont provoqué une double enquête, l'une au Sénat, l'autre, plus importante par le nombre des témoins entendus, à la Chambre des députés. Vous vous souvenez que le Corps législatif avait pris la même initiative en 1870. Seulement, à cette époque et dans cette assemblée, les libre-échangistes ayant le dessus, les commissaires nommés furent en majorité libre-échangistes, et c'est à cette circonstance que je dus moi-même d'être choisi par la commission pour un de ses présidents ; au contraire, dans les deux dernières enquêtes, ce sont les protectionnistes qui ont nommé les commissaires et qui ont, en conséquence, dominé et dirigé les opérations.

Eh bien, ces deux enquêtes dirigées par des protectionnistes, voulez-vous qu'avant d'aborder le fond de la question, nous examinions ce qu'elles ont produit? Selon moi, et je pense que vous serez de mon avis, elles ont tourné directement contre le but qu'on se proposait. La majorité des déposants a donné tort à la majorité de la commission.

S'il ne s'était agi que de démontrer l'existence d'une crise, une enquête n'était pas nécessaire pour cela. La crise existe depuis longtemps, et elle est très-grave, même pour les industries les moins éprouvées. Dans les affaires industrielles et commerciales, on est très-accoutumé aux crises; il y en a de prévues, il y en a d'inattendues. Il serait trop facile de faire des affaires, si les crises ne venaient pas nous surprendre. Certaines crises viennent par une maladie, comme celle que le phylloxera impose en ce moment à la vigne; d'autres viennent à la suite d'une guerre, comme, il y a quelques années, la crise cotonnière; d'autres sont la conséquence des mouvements de l'industrie, des découvertes de la science : ainsi la vapeur, qui a produit tant de richesses, a commencé par produire beaucoup de ruines. Quelquefois, il ne faut, pour bouleverser le monde industriel, qu'une variation de la mode. Dans les magasins des marchands de nouveautés, où les dames croient qu'elles vont simplement manier des chiffons, elles manient souvent, sans s'en douter, des milliards; et le jour où, par exemple, elles passent de la soie à la laine, est un jour de détresse pour notre grande fabrique lyonnaise, de même que ce sera un jour de détresse pour la fabrique de Reims, que celui où la vogue, qui est en ce moment à la laine, reviendra à la soie.

Toutes ces crises arrivent naturellement, on peut même dire nécessairement, par le flux et le reflux de l'activité humaine. Et en vérité, je vous le demande, est-ce que l'Etat doit subordonner son budget, sa politique, son existence, à ces fluctuations de l'industrie? Est-ce qu'il doit prendre à son compte les dommages causés aux négociants par une mauvaise récolte, par une invention nouvelle, par un caprice de la mode? En a-t-il le pouvoir? En a-t-il le droit? Où prendra-t-il l'argent avec lequel il viendra au secours de la soie, quand les dames préféreront la laine? Dans nos poches, messieurs! c'est-à-dire dans l'impôt. Mais quel est le but de l'impôt, quelle en est la légitimité? C'est de pourvoir aux intérêts communs, aux intérêts généraux, non aux malheurs des particuliers, aux erreurs de la spéculation. Ce que nous donnons au fisc, c'est une portion de notre propriété et de notre travail. Nous la donnons à titre d'assurance. L'impôt n'est plus qu'une exaction si, au lieu d'être employé aux besoins généraux, à la prospérité générale du pays, l'argent des contribuables doit servir à porter remède à des infortunes privées, assurément très-regrettables et très-honorables, mais que nous ne sommes pourtant pas chargés de guérir avec nos épargnes et le produit de nos sueurs. (Applaudissements.)

La crise qui sévit depuis ces dernières années, et qui a un caractère tout autrement général, n'a pas été inattendue, celle-là; quiconque est accoutumé à se rendre compte des lois générales qui gouvernent l'activité humaine pouvait prévoir, en présence du double courant qui s'est manifesté en 1871 et 1872, l'un d'avidité dans la demande, et l'autre d'activité exagérée dans la production, qu'un jour viendrait où la demande faiblirait, et où les producteurs auraient accumulé tant de richesses, que ces richesses mêmes, par leur dépréciation et le défaut de vente, tourneraient à leur ruine. Les esprits politiques ne s'y sont pas trompés un instant. Nous n'avions pas achevé de libérer le territoire, de remettre sur pied l'administration, ni même de réparer les désastres matériels, de reconstruire les ponts, les routes, les édifices publics, que déjà toutes les fabriques rassemblaient à la hâte leurs ouvriers et doublaient leur production, sans arriver à satisfaire les commandes. On se laissait aller à la joie d'une sécurité renaissante; on remplissait les magasins vidés par deux années de chômage, et M. Thiers, à moitié charmé, à moitié inquiet, me disait tous les jours : Cela est si beau que cela m'effraie! On n'est pas sage, disait-il ; on marche en avant, comme si cela devait durer toujours. Il voyait à l'avance les marchandises offertes à perte, dépréciées, l'outillage exagéré restant sans emploi ; et, en effet, nous payons aujourd'hui, par cette crise, les enivrements des premières années qui ont succédé à la guerre.

La crise était donc prévue ; elle était inévitable ; et, ne l'oublions pas, car c'est un élément essentiel de la discussion qui nous occupe, elle est générale. Ce n'est pas une crise française, ce n'est pas une crise européenne ; c'est une crise qui s'étend sur le monde entier. Je suis certain d'être dans la vérité en disant qu'au point de vue industriel et au point de vue pécuniaire, elle est encore plus considérable en Angleterre et en Allemagne que chez nous ; oui! le pays qui a reçu les milliards est aujourd'hui plus gêné dans ses affaires que le pays qui les a si douloureusement mais si noblement payés! (Applaudissements.)

Cette crise doit-elle porter le désordre dans nos esprits et changer quelque chose, soit à nos doctrines, soit à nos résolutions ? Que d'autres esprits se laissent aller à la dérive ; pour moi, je soutiens que le courage doit croître avec le péril. Je connais les causes de la crise ; je l'ai prévue, j'ose dire que j'en prévois la terminaison, et je dis à mes compatriotes : Continuez à travailler et à lutter, car le mal qui vous étreint aujourd'hui cédera prochainement, pourvu que vous ne vous abandonniez pas vous-mêmes et que vous conserviez la netteté de vos esprits et la force de vos cœurs. (Applaudissements.)

Ainsi, en remontant aux causes de la crise, on voit qu'elle ne saurait être durable. En l'étudiant dans ses détails, on arrive à se convaincre que, comme dans toutes les paniques, on est en présence d'évaluations exagérées. On peut le prouver par l'enquête elle-même, par les chiffres qu'elle fournit. Le *Journal des Economistes,* dont mon excellent ami, M. Joseph Garnier, est le directeur, m'a donné les éléments d'une analyse très-instructive, que je vais mettre sous vos yeux.

Je divise les déposants en deux catégories : ceux qui demandent la protection au moyen d'un tarif général, et ceux qui acceptent les traités conventionnels ; et, dans cette seconde catégorie, je distingue encore deux classes : ceux qui voudraient une protection, mais qui comprennent la difficulté ou l'impossibilité de la rétablir, et se résignent, un peu à contre-cœur, au *statu quo,* et ceux qui, voyant dans les traités de 1860 un commencement d'émancipation, en demandent franchement et sans arrière-pensée le maintien. Donc, trois classes de déposants : les protectionnistes, les résignés et les libre-échangistes.

Je ne trouve, dans la première classe, que deux industries. Il n'y a, en tout, que deux industries qui, dans l'enquête, ont demandé carrément l'abandon des tarifs conventionnels et le retour à la protection. Ces deux industries sont : la filature du coton et l'industrie du lin.

Les filateurs de coton, il faut leur rendre cette justice, sont les chefs du parti ; toutes les fois qu'il y a une agitation protectionniste, on peut être sûr de voir les filateurs de coton à sa tête ; ce sont eux qui crient le plus et qui s'agitent le plus, peut-être, j'en conviens, parce qu'ils souffrent le plus. Outre les causes générales de la crise, que j'ai énoncées tout à l'heure, ils en allèguent d'autres, dont quelques-unes spéciales pour leur industrie ; ces causes, si je ne me trompe, sont au nombre de cinq : d'abord, les charges publiques résultant de la guerre, — ensuite, le prix de la houille, — puis, le prix du fer, — certaines conditions climatériques particulières à la France et qui ne permettent pas de tisser le coton d'une façon aussi sûre que dans les pays un peu plus humides, — et enfin l'infériorité, réelle ou prétendue, de l'ouvrier français ou, pour parler plus exactement, du filateur français.

Cette énumération donne lieu à deux remarques.

Le prix de la houille, le prix du fer, ce sont là de vieilles querelles ; nous les avons entendues avant la guerre comme nous les entendons après. Il en est de même de l'infériorité de l'ouvrier français et des conditions climatériques de la France. L'année 1871, qui a changé tant de choses, n'a changé du moins ni nos hommes, ni notre climat ; — le seul fait nouveau, ce sont les charges résultant de la guerre ; tout le reste est permanent et, par conséquent, antérieur à la crise.

Quoi ! on nous dit que la filature de coton court plus de périls aujourd'hui qu'avant 1870, uniquement à cause des charges imposées par la guerre, c'est-à-dire, au fond, à cause de l'élévation du prix des patentes ! Est-ce que cela est soutenable ? Est-ce que les charges qui résultent de la guerre, est-ce que le prix du fer, est-ce que le prix de la houille, ne pèsent que sur la filature de coton ? Est-ce que toutes les industries ne les subissent pas également ? Les difficultés particulières de la filature de coton tiennent à la nature même de cette industrie, et non à la guerre de 1870 ou à nos lois de finances. Elles ne sont pas accidentelles, elles sont permanentes. Elles ne donnent droit à aucune intervention de l'Etat, à aucune réparation. Cette industrie, qui remplit toutes les enquêtes de ses doléances, et fait, à elle seule, plus de bruit que le reste de la fabrication et du commerce français, est pourtant une des branches les moins développées et les moins susceptibles d'accroissement du travail national. En effet, combien représente-t-elle d'ouvriers ? 44,000 ! Quel est le chiffre de sa production ? 300 millions !

L'industrie du lin qui émet les mêmes prétentions et aboutit aux mêmes conclusions, combien emploie-t-elle d'ouvriers ?

62,000! Quel est le chiffre de sa production? 300 millions également. Voilà donc le groupe des protectionnistes ; il représente dans l'enquête 106,000 ouvriers et 600 millions.

Voyons maintenant le groupe des résignés. Les déposants que je range parmi les résignés appartiennent à l'industrie de la houille, à celle du fer, à celle des produits chimiques, et enfin à celle des cuirs et peaux.

La houille emploie 108,000 ouvriers ; sa production s'élève au chiffre de 275 millions de francs.

Le fer emploie 80,000 ouvriers ; sa production est de 420 millions de francs.

Les produits chimiques donnent du travail à 25,000 ouvriers ; la production est de 120 millions de francs.

Les cuirs et peaux occupent 25,000 ouvriers, pour une production de 400 millions de francs.

Le groupe des résignés représente donc, dans son ensemble, 238,000 ouvriers, 1,215 millions de production.

Comme ce groupe-là ne demande pas la dénonciation et l'abandon des traités de commerce, je pourrais le compter pour nous aujourd'hui ; — je dis aujourd'hui et non pas demain, car si demain nous redevenions des libre-échangistes demandant à aller de l'avant, à coup sûr il ne serait pas avec nous ; mais puisqu'aujourd'hui nous demandons seulement le *statu quo*, et qu'il s'y résigne, je serais dans mon droit en considérant comme nos alliés temporaires, les honorables industriels qui le composent. Je ne veux pas cependant le faire ; je conviens que la plupart d'entre eux regrettent de ne pas pouvoir réclamer une protection plus forte que celle qu'ils reçoivent maintenant ; au lieu donc de les compter pour nous ou même de les laisser de côté, je vais les ranger avec nos adversaires, et, après cette concession très-large et très-volontaire, je trouve contre nous, tant en protectionnistes qu'en résignés, un chiffre total de 344,000 ouvriers pour une production de 2 milliards 815 millions de francs.

Eh bien, nous allons maintenant dénombrer nos propres forces.

Les industries libre-échangistes qui ont été entendues dans l'enquête sont : le tissage du coton, l'industrie de la laine, l'industrie de la soie, celle de la confection, l'article de Paris.

Voyons ce qu'elles représentent comme nombre d'ouvriers et comme production.

Les tisseurs de coton emploient 70,000 ouvriers et représentent 500 millions de production.

L'industrie de la laine occupe 96,000 ouvriers et représente 1 milliard 400 millions de production.

Celle de la soie 700,000 ouvriers et 900 millions de production.

L'industrie de la confection, qui suit une marche ascendante, représente à l'heure actuelle 1,200,000 ouvriers et une production de 1 milliard 400 millions.

L'article de Paris emploie 37,000 ouvriers. On n'a pu me fournir le chiffre exact de sa production, mais je suis certainement bien près de la vérité en l'évaluant à plus de 500 millions.

Ensemble, les industries libre-échangistes fournissent donc du travail à 2,103,000 ouvriers et représentent une production de 4 milliards 700 millions.

Vous n'avez qu'à comparer ces chiffres à ceux que j'ai indiqués tout à l'heure à l'avoir des industries protectionnistes, pour juger si j'ai raison de dire que nous l'emportons de beaucoup sur ces dernières, soit au point de vue du nombre des ouvriers que nous occupons, soit à celui de notre puissance productive. (Applaudissements.)

Maintenant permettez-moi une réflexion avant de tirer de ces chiffres une conclusion. Je n'ai fait entrer en ligne de compte que l'industrie proprement dite; et cependant, qu'est-ce que la France? Je parle ici devant des chefs d'industrie et des ouvriers de l'industrie bien plutôt que devant des agriculteurs, mais enfin nous sommes des statisticiens, nous savons ce que c'est que notre pays et quel rôle y joue l'agriculture. La France est d'abord un pays agricole, il ne faut pas qu'on l'oublie, et les chiffres le démontrent surabondamment. Toutes les industries réunies comptent à peine plus de 2 millions d'ouvriers, tandis qu'il y a en France 18 millions 500 mille personnes, hommes, femmes et enfants, propriétaires ou salariés, occupées aux travaux agricoles; le chiffre de production de l'agriculture s'élève à 7 milliards 500 millions.

Maintenant quelle est l'opinion de l'agriculture? Oh! il est très-difficile de le dire; ce sera peut-être moins difficile dans quelque temps; dans ce moment-ci, on s'exposerait, si on interrogeait les agriculteurs, à se trouver en présence du chaos. Il y a une raison à cela, c'est que la plupart d'entre eux, n'ayant que de petites tenues, ne vendant que leurs produits, les écoulant sur le marché local, se conformant, soit pour la culture, soit pour le commerce, à des habitudes routinières, ne connaissent pas les faits généraux, n'en ont nul souci, s'en tiennent à ce qu'ils ont sous les yeux et ne jugent que d'après les conséquences de l'année courante, et le plus ou moins de prospérité de la culture dans les communes qui les avoisinent. Mais enfin, ceux qui sont obligés par devoir, soit comme savants, soit comme producteurs, de s'enquérir de la situation des choses savent-ils, oui ou non, quel est l'intérêt de l'agriculture? Très-certainement, ils le savent! D'abord, il y a une chose qu'ils savent, c'est que pour la principale production française qui est le blé, il n'est pas possible de recourir à des moyens prohibitifs; on dira ce qu'on voudra sur la concurrence, sur l'exploitation future des grandes terres d'Amérique, sur les prix rémunérateurs ou non rémunérateurs; il y a, sur cette denrée quelque chose qui domine la question; c'est la vie humaine.

Il n'est pas possible de faire par la loi la cherté du pain, on est obligé de laisser le blé entrer et sortir librement, parce que l'humanité le veut. (Applaudissements.)

Grâce à la liberté, établie depuis assez longtemps, du commerce des céréales, un des fléaux qui désolaient l'humanité a disparu, celui de la famine; quand le blé est insuffisant quelque part, les chemins de fer et les navires viennent combler le déficit avec des blés étrangers, et la douane ne se met pas entre l'agriculture qui les produit et les estomacs qui les consomment. (Applaudissements.)

Cela n'est plus possible. Il y a donc là toute une portion de la production agricole qui échappe aux théories protectionnistes; mais prenons l'ensemble de nos productions, car nous avons non-seulement le blé, mais le vin, le lin, la soie, les légumes, le bétail, les fruits; cette terre française est une terre de bénédiction! Depuis cinq ou six ans nous ne savons ouvrir la bouche que pour nous plaindre; rappelons-nous au contraire avec un sentiment de reconnaissance, que la nature a accumulé sur notre sol toutes ses richesses, en même temps qu'elle douait notre caractère national, si varié et si mobile, de toutes les facultés qui font un grand peuple, ou qui le refont quand il est tombé. (Vifs applaudissements.)

Malgré les cruelles épreuves par lesquelles nous avons passé, nous avons le droit, en voyant ce que nous sommes, et ce que nous venons de faire, d'être joyeux et reconnaissants.

Notre sol qui, outre le blé, produit tout ce magnifique ensemble de richesses agricoles que j'énumérais tout à l'heure, suffit-il aux besoins de notre consommation nationale? Sa fécondité est-elle équivalente à notre consommation? Lui est-elle supérieure? Ou lui est-elle inférieure? Sans faire un grand étalage de statistique, je répondrai simplement par les résultats de l'année 1877, qui a donné une mauvaise récolte. Dans cette année exceptionnellement malheureuse, la France a importé en produits agricoles servant à l'alimentation, pour une valeur de 1 milliard 37 millions et elle a exporté de ces mêmes produits pour une valeur de 1 milliard 780 millions; balance en notre faveur, 748 millions!

Les résultats seraient plus frappants si j'avais pris une année moyenne. Par conséquent, j'ai le droit de dire que l'agriculture a intérêt à soutenir nos doctrines, et qu'il faut ajouter aux 2,100,000 ouvriers des industries libre-échangistes les 18,500,000 personnes qui vivent de la culture du sol; aux 4 milliards 700 millions de production industrielle proprement dite, cet énorme chiffre de 7 milliards 500 millions de la production agricole.

Vous voyez déjà toute la force de la conclusion à laquelle j'arrive. Il n'y a pas ici de discussions, d'objections, de réserves à faire : nos chiffres sont indiscutables; nous avons

avec nous les gros bataillons d'ouvriers dans une proportion
écrasante ; nous avons les gros chiffres de la production dans
une proportion également écrasante. Voilà le fait indéniable.
Certes, s'il s'agissait de discuter les tarifs de douanes article
par article, on pourrait dire : Qu'importe la majorité ? discutons
chaque article séparément ; mais ici il s'agit d'adopter un système au lieu d'un autre. Les uns disent : Gardons le système
des tarifs conventionnels ; les autres : Rompons les traités et
tenons-nous-en à un tarif général. Dans ces conditions, je demande à mon pays s'il écoutera la minorité ou s'il se rangera
à l'avis de l'immense majorité ; et je dis qu'il n'y a pas de
réponse à un argument comme celui-là ; je dis que l'industrie,
en immense, en écrasante majorité, réclame le maintien du
régime des traités ; que cela résulte de l'enquête elle-même.
Et j'ajoute que nous avons le droit d'ajouter aux chiffres
fournis par l'enquête toute l'agriculture, c'est-à-dire les deux
tiers de la France.

Quand on a les gros bataillons pour soi, il est bon de s'en
vanter ; il vaut encore mieux avoir les bonnes raisons. Messieurs, toute cette matière de l'industrie et des échanges est
régie par une loi bien simple que je résume ainsi : suivre la
nature et non la forcer !

Voilà la règle. Avant d'avoir ouvert un volume de statistique, avant d'avoir tourné les pages des tableaux des douanes,
en interrogeant seulement le sens commun, je trouve qu'il y
a tout à gagner en suivant la nature, et tout à perdre en la
forçant. Si je me demande quelle est la règle de sage et bonne
conduite pour l'individu, n'est-ce pas de choisir la carrière
pour laquelle il se sent du goût et des aptitudes ? N'est-ce pas
là qu'il trouvera le bonheur et le succès ? Nous pouvons certainement et nous devons même, puisque nous sommes une
intelligence et une liberté, développer et fortifier la nature ;
mais la développer conformément à ses lois. Nous ne sommes
pas chargés de la refaire ; nous y perdrions nos forces, nous
n'aboutirions qu'à des avortements et à des contre-sens. Elle
est bonne telle qu'elle est, et elle nous est bonne, pourvu que
nous sachions écouter sa voix. *Sequere naturam*, c'est la règle
des stoïciens, une règle de morale et de logique à la fois ; la
plus sûre, la plus simple et la plus droite des règles de philosophie. Permettez-moi, par un exemple familier, de vous mon-
trer combien elle est excellente.

Je suppose que je sois né avec une grande facilité pour étudier les lois et débrouiller les subtilités de la chicane ; que, de
plus, je dispose assez librement de mon esprit pour bien ordon-
ner mes idées, les classer dans le meilleur ordre, les présenter
avec netteté et répondre sans trouble et sans hésitation à toutes
les attaques. Plus de doute, la nature a fait de moi un avocat.
Je ne puis mieux faire que de prendre ma licence et de me

rendre tout droit au palais de justice où je ne tarderai pas à devenir une des lumières du barreau. (On rit.)

Mais non ; les circonstances, la fantaisie de mon père, ou peut-être une erreur de mon jugement, font qu'au lieu d'étudier les lois, je me suis attaché à la médecine. Par malheur, je n'ai absolument rien de ce qui constitue le médecin : je ne me passionne pas pour l'étude de l'organisme humain ; les sciences innombrables dont la science du médecin se compose, n'ont pour moi aucun attrait ; je les étudie machinalement, je les apprends à force de mémoire ; je suis servilement mes maîtres, sans rien trouver, sans rien m'approprier. Au chevet du malade, je ne trouve que le dégoût, ou des sympathies pour la souffrance et des inquiétudes pour le danger, qui m'ôtent le sang-froid. J'entends bien qu'en dépit de tout je serai médecin, si je le veux. Il n'y a rien que ne surmonte à la longue une volonté opiniâtre. Oui, avec de la volonté, mon avocat manqué de tout à l'heure arrivera à passer ses examens et à conquérir le diplôme de docteur en médecine qui lui permettra de purger, de saigner et de tuer impunément. Soyez sûrs qu'il n'y manquera pas (On rit). Ce galant homme porte un double préjudice à ses concitoyens : non-seulement c'est un mauvais médecin, mais il prive la société du bon avocat qu'il aurait pu être. (Hilarité et applaudissements).

Messieurs, la logique, la vérité, le bon sens, la morale, sont les mêmes pour les peuples et pour les individus !

Tu es né pour être agriculteur, mon ami, et tu vas quitter la charrue pour te jeter dans l'industrie à laquelle tu n'es pas propre ? Tu n'y feras que de mauvais produits et de mauvaises affaires. Reste fidèle à la terre, ta bonne nourrice. Tu l'aimes, tu la comprends, tu la cultiveras mieux qu'un autre, et elle te paiera en abondantes moissons. Suis la nature, ne la force pas. Je tiens le même langage aux individus et aux peuples. On dit, avec bien de la raison, qu'il n'y a pas deux morales : il n'y a pas non plus deux logiques. Un homme qui ferait un métier de femme, serait inférieur à toutes les femmes ; et une femme qui ferait un métier d'homme, serait inférieure à tous les hommes. Si les Anglais sont plus forts que nous, laissons-leur les métiers qui exigent de la force ; si notre goût est plus fin et plus sûr, ils perdront leur temps et leur argent à lutter contre nous dans les fabrications qui exigent du coup d'œil et de la grâce. Comment ! un peuple qui a une grande étendue de côtes ne sera pas marin ? Un peuple qui a beaucoup de pâturages ne sera pas pasteur ? Et un peuple qui a beaucoup de houille et de fer, ne fera pas de métallurgie ? Voyez, de grâce, le beau raisonnement et l'intelligente politique : mon territoire est propre à la culture du blé, mais je l'ensemencerai avec du riz, auquel il n'est pas propre. Je produirai du riz détestable, si j'en produis, et en quantité dérisoire ; et je me ruinerai si

bien par ces efforts contre la nature, qu'il ne me restera plus
d'argent pour acheter le blé dont je me nourris. Je me trompe :
il me restera l'argent que j'obtiendrai de l'Etat, ou que je pren-
drai au consommateur, pour payer mes fautes. Voilà toute la
philosophie de la protection. Voilà le système !

Supposez, messieurs, qu'une maison se soit fondée pour culti-
ver le riz ou le thé dans une plaine de la Normandie, et qu'elle
vienne vous dire : Frappez vite un droit sur l'importation des riz
de la Chine, qui sont excellents, afin que je puisse vendre les
miens, qui sont détestables. Est-ce que vous nous ferez réelle-
ment porter la peine de sa folie, en nous forçant à manger de
mauvais riz et à le payer trois fois plus qu'il ne vaut? Voilà, di-
rez-vous, un cas de folie qui ne se présentera pas. Sans doute.
Mais que dites-vous de celui-ci ? Je suppose que le coton en
balle et la houille arrivent au Havre et n'arrivent pas ailleurs,
qu'une filature se fonde tout auprès du quai de débarquement
et une autre filature à cent lieues de là. La seconde filature
aura-t-elle le droit de demander qu'on frappe une surcharge
sur les produits de la première, afin de compenser les frais de
transport? Elle n'en aura pas le droit, parce que les barrières
intérieures sont abolies. Mais pourquoi les a-t-on abolies ? Parce
qu'elles rendaient, par l'exagération des prix, la plupart des
marchandises inaccessibles au plus grand nombre et ne ser-
vaient qu'à augmenter la fortune des fabricants qui produi-
saient dans de bonnes conditions et à sauver de la ruine ceux
qui s'obstinaient à lutter contre les indications de la nature.
Dites-moi, je vous prie, en quoi les barrières intérieures,
qu'on a eu tant de raison d'abolir, diffèrent-elles des barrières
extérieures, qu'on voudrait relever ? Quand un filateur vient
nous dire : « Je fabrique à des prix très-onéreux, voilà mon
concurrent de l'autre côté du détroit qui produit à meilleur
marché ; je ne puis pas lutter contre lui ; prenez dans le trésor
public, ou, ce qui revient au même, dans la poche des consommateurs, la somme que je dépense de plus que lui et don-
nez-la moi ; » n'avons-nous pas le droit de lui répondre : « Si
vous vous obstinez à lutter dans de mauvaises conditions, c'est
votre faute, ce n'est pas celle du public ; c'est à vous, ce n'est
pas au public à en subir les conséquences. L'intérêt du consommateur est d'avoir les produits à bon marché, et celui du
pays est de tirer le meilleur parti possible de ses travailleurs
et de ses capitaux. »

De peur qu'on ne m'accuse de calomnier nos adversaires, je
veux prendre des exemples dans leurs propres dépositions
reçues par les commissions d'enquête.

Voici d'abord l'alun. Nous avons, en France, de l'alun artificiel extrait de mauvaise terre alumineuse ; en Italie, on a de
l'alun naturel, qui vaut mieux. L'Italie pourrait nous vendre
son alun 20 francs ; mais ce prix-là n'est pas rémunérateur

pour nos fabricants, ils demandent une protection de 8 francs. Les consommateurs paieront donc 28 francs ce qui vaut 20 francs au plus en réalité ; mais, en revanche, les producteurs d'alun artificiel continueront leur industrie et encaisseront même des bénéfices. Le gisement d'alun de la Tolfa, près de Civita-Vecchia, appartient à une compagnie française ; on l'exploite avec de l'argent français. Bien plus, on prend l'alun en Italie avec la terre qui l'enveloppe, on le transporte en France (à Rouen) dans cette condition. C'est en France, et par des ouvriers français que la séparation et l'épuration ont lieu. Il n'importe. Ce produit qui appartient à des Français et qui est devenu français par le travail auquel il a été soumis, sera frappé d'une lourde surtaxe, et le consommateur français pâtira pour la plus grande gloire et le plus grand bénéfice des fabricants d'alun artificiel.

Je prends pour mon autre exemple le bois de campêche, dont on ne se sert pas, quoi qu'en disent les mauvaises langues, pour empoisonner notre vin (Hilarité). Les teinturiers font venir leurs bois de campêche de notre ancienne colonie de Saint-Domingue.

Il n'y a pas de teinturiers jusqu'à présent dans la colonie ; mais si l'idée venait aux indigènes de faire concurrence à nos fabricants de produits chimiques, ils pourraient produire à meilleur marché. Il faut donc se mettre en garde contre ce danger imaginaire et cette concurrence future, en frappant d'un droit les marchandises qui pourraient être produites un jour par des fabricants qui n'existeront peut-être jamais. (On rit.)

Je dis couramment qu'un droit frappé à l'importation d'un produit est un impôt, parce que c'est un impôt en effet. C'est tout simplement un impôt indirect, avec cette seule différence que l'impôt indirect, ainsi dénommé dans le Livre bleu, se paie chez le receveur des contributions, au bénéfice de l'État, tandis que l'impôt indirect, inscrit sous le nom de droit protecteur, se paie à la douane au bénéfice apparent de l'État, et au bénéfice réel des fabricants.

En général, quand il y a deux produits en concurrence et que l'un est bon, l'autre mauvais, on demande de protéger le mauvais ; de sorte que le consommateur est deux fois dupé ; d'abord parce qu'il paie plus cher, et ensuite parce qu'il est plus mal servi. Exemple : l'alizarine.

Il y a l'alizarine du goudron et l'alizarine de la garance. L'alizarine du goudron est la meilleure : donc c'est l'alizarine de la garance qu'on protège. Telle est la logique de la protection.

Cet impôt, je répète le mot parce qu'il est juste, cet impôt indirect payé à la douane par le consommateur, constitue une charge très-lourde. On en jugera par quelques chiffres.

Nous payons à la houille un impôt de......   24 millions.
Aux filateurs de coton (ceux qui poussent
tant de clameurs)........................   85   —
  A l'industrie du lin.....................   45   —
  Au fer...............................   80   —

      Ensemble....................   234 millions.

Ne semble-t-il pas que nous aurions des droits à la reconnaissance de ces industries si bien protégées? Cependant il n'en est rien. La moyenne des droits actuels pour ces quatre industries est de 15 p. 100 ; la moyenne des droits qu'elles demandent est de 49 p. 100. Supposez que le bénéfice de leurs réclamations leur soit octroyé: ce n'est plus 234 millions, c'est 800 millions qu'elles prélèveront sur le consommateur. (Très-bien ! très-bien !)

Pour appuyer ces étranges prétentions, messieurs les protectionnistes ont recours à un sophisme dont je veux vous faire juges.

« Ce que nous voulons protéger, nous disent-ils, c'est le travail, et uniquement le travail; sur les matières premières, nous acceptons tous les dégrèvements! » C'est à merveille ! On comprend parfaitement que le filateur de coton, par exemple, tienne beaucoup à ce qu'on protège son fil, et ne tienne pas du tout à ce qu'on protège le coton en balle; et cela, par la raison très-simple que le coton en fil, il le vend, et que le coton en balle, il l'achète; il n'est pas étonnant qu'il veuille avoir son coton à bon marché et vendre cher son fil. Mais, qu'est-ce au fond que cette matière première pour laquelle les protecteurs du travail se montrent si coulants? Ne serait-elle pas, par hasard, un produit industriel? La garance, dont je parlais tout à l'heure, est un produit de la terre et, en même temps, un produit de l'industrie agricole. La soie est produite par le ver à soie, mais l'élève du ver à soie est une industrie compliquée et difficile. Quand le coton arrive en balle dans la filature, il est le produit de diverses industries : de l'industrie qui cultive le cotonnier; de celle qui transporte le coton jusqu'au navire; de celle qui prend le coton en Asie ou en Amérique, et le dépose sur les quais du Havre ou de Marseille. Il y a plus, le fil de coton lui-même est une matière première pour le tisseur, absolument comme la balle de coton est une matière première pour le filateur; et le tissu devient, à son tour, une matière première pour l'imprimeur sur étoffes. Le fameux argument des protecteurs prétendus du travail n'est donc pas autre chose qu'une équivoque. Cette distinction qu'on cherche à établir entre la matière première et le travail n'existe pas ; il n'y a qu'une distinction entre les droits qui gênent et les droits qui protègent; c'est l'intérêt qui parle, et qui parle seul! Je répète que je respecte sincèrement l'intérêt privé, pourvu qu'il ne soit pas opposé à l'intérêt public. La différence entre les protectionnistes et nous, c'est qu'ils songent surtout à des intérêts privés, et que nous, au contraire, nous plaçons l'intérêt général, l'intérêt du pays au-dessus de toutes les considérations particulières. Nous ne voulons pas de privilèges. Nous sommes contre les privilèges, avec le droit et la nature. (Applaudissements.)

Je voudrais maintenant dire un mot de l'intérêt des ouvriers dans le débat. Les protectionnistes s'efforcent de les attirer à leur cause, tantôt en les menaçant de fermer des ateliers, qui, suivant eux, travaillent à perte, tantôt en leur parlant de marché national, d'industrie nationale, comme si les ouvriers avaient à craindre d'autre concurrence que celle d'ouvriers comme eux.

On a entendu bien du monde dans les enquêtes : on n'a pas entendu d'ouvriers, et personne n'a parlé pour eux. Je pourrais me contenter de reproduire ici les chiffres que je vous donnais en commençant. Les industries qui ont besoin du libre échange et qui le réclament, emploient deux millions cent trois mille ouvriers. Si je tenais compte de l'agriculture, je devrais dire vingt et un millions six cent mille! A ce nombre immense, que peuvent opposer nos adversaires? Moins de trois cent cinquante mille ouvriers. Je pourrais dire aussi : « Je conviens que si la filature de coton disparaissait en France, ce désastre serait fâcheux pour les quarante-quatre mille ouvriers qu'elle occupe ; mais, après tout, leurs embarras ne seraient que momentanés. Ils perdraient du travail d'un côté ; ils en trouveraient de l'autre. Ce qu'il faut surtout à un ouvrier, c'est l'habitude du travail et une bonne santé. On a conduit une peigneuse mécanique ; on pourra, avec peu de préparation, surveiller un *self-acting*. Ainsi, au point de vue du nombre des ouvriers, les chiffres sont écrasants ; et, au point de vue des pertes éprouvées par les ouvriers employés dans les usines qui se fermeraient, il ne faut pas les exagérer. La situation des ouvriers n'est pas la même dans les usines et dans les industries isolées. Un cordonnier ne se transforme pas en ébéniste ; mais dans le service de la vapeur ou des forces hydrauliques, on peut changer de compagnie sans changer de régiment.

Toutefois, je ne veux pas considérer la question au point de vue du nombre ; je veux la traiter en elle-même. Mais avant d'aller plus loin, laissez-moi dire que je n'admets aucun antagonisme entre les intérêts des ouvriers et ceux de l'entreprise qui les emploie. Plus la fabrique sera en prospérité, plus les ouvriers seront sûrs d'avoir du travail, d'obtenir de bons salaires, d'être bien traités. L'industriel dont les affaires sont gênées ne peut plus payer ce qu'il doit, diminue sa fabrication, renvoie une partie de son personnel, ou cherche à se couvrir de ses pertes en abaissant les salaires. A plus forte raison ne songe-t-il plus, ni aux écoles d'apprentissage, ni aux caisses de retraite, ni aux remises proportionnelles sur les bénéfices, ni à l'amélioration des logements, ni aux associations coopératives de consommation. Un atelier est une image de la patrie, où chacun doit travailler à son rang, pour le bonheur commun, et regarder comme un avantage personnel tout progrès accompli par la communauté. (Applaudissements.) Ainsi les intérêts du patron et de l'ouvrier sont solidaires. Mais la solidarité n'exclut pas la distinction. Le libre échange rend un premier service à l'ouvrier, parce qu'il augmente la situation du patron, et lui permet d'agrandir ses ateliers et de compléter son personnel ; mais il lui rend des services plus directs, que l'on pourrait résumer ainsi : l'application de nos doctrines a pour résultat de donner à l'ouvrier :

1° Plus de travail et, par conséquent, des salaires plus élevés ;

2° Un travail plus approprié à ses goûts et à sa capacité ;

3° Une amélioration dans les habitudes de la vie, produite par l'abaissement du prix des objets manufacturés ;

4° Plus de liberté dans toutes les transactions.

Voilà les quatre résultats que je crois pouvoir tirer de nos doctrines au bénéfice des ouvriers ; je demande la permission d'entrer dans quelques détails.

D'abord, le travail sera plus considérable, et vous savez, — je n'ai pas besoin de vous le dire, — que plus il y a d'ateliers en activité, plus les ouvriers sont demandés, et plus ils ont de chances de voir élever leurs salaires.

Nos adversaires prétendent que, si on ne leur accorde pas les droits qu'ils réclament, ils fermeront leurs ateliers ; et voilà, disent-ils, les ouvriers sur le pavé.

D'abord, ils font une menace qui ne se réalisera pas. Ensuite, quels ateliers fermeraient-ils ? Les ateliers les plus compromis d'une industrie qui compte très-peu d'ateliers. Mais il faut voir l'ensemble du travail dans toute la France, et compter les ateliers qui, sur l'ensemble de notre industrie, sont alimentés par les commandes des marchés étrangers.

Les droits protecteurs ne sont pas seulement un impôt frappé sur les consommateurs français ; ils sont une menace et, en quelque sorte, un sévice contre les producteurs étrangers. Si, par exemple, les filateurs de coton, qui demandent une protection de 60 p. 100 et quelquefois de 80 p. 100, obtenaient gain de cause, il en résulterait une véritable prohibition.

Que ferait, en présence de ce grave dommage, l'industrie étrangère ?

Ne pouvant plus entrer avec chance de bénéfice sur le marché français, perdant un de ses plus importants débouchés, obligée, par conséquent, de restreindre sa production, elle ne subirait pas cela, sans réagir. Une telle résignation n'est pas dans la nature des choses, elle se défendrait et chercherait à se venger ; et pour y parvenir, elle se protégerait à son tour, jusqu'à la prohibition, contre les produits français.

Que les Allemands, les Anglais, les Italiens, prennent leur mal en patience, il ne faut pas s'y attendre et personne ne s'y attend. La guerre à coups de tarifs est une guerre, tout comme la guerre à coups de canons ; elle peut être aussi meurtrière. Nous commençons les hostilités ; c'est bien ; nous allons voir la riposte. Nous fermons le marché français aux fils anglais ? L'Angleterre ferme ses marchés à nos tissus. Elle porte ses surélévations de tarifs sur les produits les plus importants de notre industrie manufacturière ou agricole, afin de nous faire le plus de mal possible et de nous obliger à reculer. Si nous allons jusqu'à la prohibition, si nous nous réservons tout notre marché, nous nous fermons, du même coup, tous les marchés du monde ; nous aurons notre marché entier, mais nous n'aurons plus que celui-là.

Or, du moment que nous ne travaillons plus que pour nos besoins, il peut se produire une de ces trois choses : ou notre production ne suffira pas à notre consommation, ce qui sera le comble de la misère ; ou notre production sera adéquate à notre consommation, ou enfin elle lui sera supérieure.

Si nous produisons plus que nous ne consommons, il est clair que nous avons intérêt à ce qu'on ne nous ferme pas le marché européen. Par conséquent, ceux qui nous proposent des surélévations de droit qui auraient pour résultat de leur conserver, à eux, le marché français, mais de nous fermer tous les autres, nous proposent de renoncer à nous servir d'une partie de notre force productive. Eh bien, je me fais fort d'établir que la production totale de la France est supérieure à sa consommation totale ; et pour cela faire, je vais vous présenter les résultats des trois dernières périodes décennales de 1847 à 1876. Vous verrez si nous avons à gagner ou à perdre à cette monopolisation du marché national.

De 1847 à 1856, les importations du commerce spécial ont été de 10 milliards 771 millions, et les exportations de 12 milliards 238 millions. On peut objecter que cette période est antérieure aux traités de 1860. Cela est vrai ; cependant, l'objection perd beaucoup de sa valeur, quand on se souvient que la France était entrée, dès 1853, dans la voie des dégrèvements, dont les traités conclus en 1860 n'ont été, en quelque sorte, que la régularisation. En tout cas, les dégrèvements sont en pleine activité pendant la période suivante.

Or, dans la période de 1857-1866, les importations ont été de 22 milliards 5 millions, et les exportations de 24 milliards 301 millions.

Et d'abord, il ne faut pas s'y tromper : toutes les fois que l'augmentation des importations n'a pas pour cause un déficit de la production, elle est une preuve de l'augmentation des richesses. Nous faisions pour 23 milliards d'affaires jusqu'en 1856 ; de 1857 à 1866, nous en avons fait pour 46 milliards 300 millions ; donc le capital social a été augmenté, et le bien-être général s'est accru. Les exportations, pendant cette période, ont dépassé de plus de 2 milliards les importations ; donc, nous avons produit plus que nous ne consommions, donc nous avions intérêt à produire au-delà de nos besoins.

La période suivante, celle qui est le plus près de nous, semble, au premier abord, présenter un résultat contraire.

De 1867 à 1876, le chiffre total des opérations a continué de s'accroître, puisque de 46 milliards 300 millions, nous passons à plus de 67 milliards. Mais cette fois, dans ce total, c'est le chiffre des importations qui l'emporte :

Les importations ont été de 34 milliards 76 millions ;

Les exportations de 33 milliards 65 millions.

La différence en faveur des importations est donc de plus d'un milliard ; exactement : 1 milliard et 11 millions.

Mais il y a lieu à plusieurs remarques. D'abord une remarque générale. Les tableaux publiés par l'administration des douanes inscrivent les marchandises à l'importation avec la valeur totale qu'elles ont en France, comprenant le prix de vente, le prix de transport et l'acquit des droits d'entrée suivant le tarif. Dans le tableau des exportations, on inscrit aussi la valeur des marchandises en France, c'est-à-dire le prix de vente, mais on ne le majore pas du prix de transport et de la valeur des droits à payer à l'étranger. Il résulte de là que si le chiffre des exportations donné par la douane était égal au chiffre des importations, il faudrait porter à notre avantage le montant des frais de messagerie payés et des droits de douane acquittés par toutes les marchandises importées sur notre marché. À cette observation générale, dont il est facile d'apprécier l'importance, il faut ajouter la situation spéciale de la période écoulée de 1867 à 1876.

Dans cette période, il y a des années qui s'appellent 1870 et 1871. Supprimons-les de notre bilan, comme nous voudrions les supprimer de notre histoire. Pendant la fin de 1870, toute l'année 1871 et la plus grande partie de 1872, nous n'avons rien fabriqué et par conséquent rien exporté. Non-seulement les usines étaient dévastées et désertes, mais, pendant une année entière, nos plaines fertiles n'ont porté que des cadavres. Nous n'avons donc pas, pendant cette période, à comparer dix années d'importation à dix années d'exportation ; mais dix années d'importation à huit années seulement d'exportation. Trente-trois milliards exportés en huit ans représentent par année plus de 4 milliards. C'est donc 8 ou 9 milliards qu'il faudrait ajouter à nos exportations pendant cette période pour arriver à une évaluation équitable. De telle sorte que la période de 1867 à 1876 corrobore notre thèse loin de l'infirmer, et que nous avons plus que jamais le droit de conclure qu'en tout temps notre pays produit plus qu'il ne consomme. Nous fermer les marchés étrangers ce serait donc mettre sur le pavé une grande partie de nos ouvriers. La conséquence, c'est que nous leur donnons du travail et que nos adversaires leur en ôtent.

Et quand ils nous disent : « Nous fermerons nos ateliers », nous avons le droit de répondre, d'abord, que, grâce à Dieu, nous n'en croyons rien, et que nous les savons assez forts pour attendre des temps meilleurs. Mais ensuite, si vous réalisez vos menaces, que fermerez-vous ? Vos filatures. Qui mettrez-vous sur le pavé ? Le huitième, le quart d'un personnel qui ne dépasse pas 100,000 ouvriers. Comparez cela à la masse des travailleurs occupés chez nous par l'exportation, aux ateliers de la confection, à ceux de la laine, à ceux de la soie. Non, quelque hypothèse que vous fassiez, nos doctrines ont sur les vôtres cet avantage considérable qu'elles augmentent le travail français. Elles augmentent le travail humain ! (Vifs applaudissements.)

Si, au lieu de regarder les exportations et les importations de produits manufacturés, nous regardons les exportations et les importations de numéraire, nous trouvons que, de 1847 à 1856, les importations en numéraire ont été de 3 milliards 633 millions, et les exportations, de 2 milliards 444 millions ; que, par conséquent, on nous a donné plus d'argent dans cette période que nous n'en avons payé ; que, dans la période 1857-1866, l'importation du numéraire a été de 6 milliards 877 millions, l'exportation de 5 milliards 25 millions ; et enfin, que, dans la période de 1867 à 1876, malgré la guerre, l'importation a été de 6 milliards 479 millions, contre une exportation de 3 milliards 7 millions.

Par conséquent, notre commerce avec le monde a pour résultat de nous enrichir : la démonstration est complète.

Voici maintenant d'autres chiffres conduisant au même résultat, car, messieurs, j'en ai les mains pleines. C'est la comparaison des exportations et des importations en produits manufacturés et en produits agricoles d'alimentation pour l'année 1877, qui est une mauvaise année au point de vue de l'agriculture.

Produits manufacturés importés....	378.500.000 fr.	
— — exportés....	1.654.500.000	
Produits agricoles importés........	1.037.000.000	
— — exportés........	1.780.000.000	

Balance à notre profit, 1 milliard 276 millions pour les produits manufacturés, et 743 millions pour l'agriculture.

Puisque la liberté plus grande des échanges a pour conséquence une augmentation constatée de richesse et de travail, je puis dire qu'elle augmente aussi les salaires. Nous savons même dans quelles proportions elle les a augmentés depuis 1860. Ils se sont accrus de 30 0/0 pour les hommes et de 50 0/0 pour les femmes. Je sais bien qu'en même temps les denrées alimentaires ont enchéri. Mais, d'abord, il faut tenir compte de la baisse de prix considérable sur tous les produits manufacturés ; et ensuite, il ne faut pas se laisser tromper par ce que nous voyons à Paris. Si les Parisiens payent leur vin le double de sa valeur, c'est à cause de leurs octrois. Ils se sont fait une ville magnifique, et ils acquittent le prix de leurs nouvelles splendeurs. Si les octrois se sont accrus dans des proportions colossales, ce n'est pas aux libre-échangistes qu'il faut s'en prendre. (On rit.) Laissez-nous seulement le temps de démolir les douanes. Quand nous aurons fini de ce côté-là, nous nous occuperons des octrois. (Rires et applaudissements.)

Ainsi, nous donnons plus de travail aux ouvriers. Je dis aussi que nous leur donnons un travail plus approprié à leurs goûts. C'est la conséquence immédiate de notre principe : suivre sa nature, au lieu de la contrarier et de la forcer. Je trouverais, au besoin, la démonstration de ce que j'avance dans la comparaison des filatures avec le tissage, et surtout avec la fabrication des tissus façonnés. Qu'est-ce qu'une filature ? Une caserne. Qu'est-ce qu'un ouvrier de filature ? Un automate. A mesure qu'on s'élève dans l'échelle de la fabrication, l'ouvrier a plus de liberté et de mouvement, le goût intervient, et il interviendra de plus en plus jusqu'à ce qu'on arrive à ces créations si essentiellement françaises dont le producteur a le droit de s'appeler un artiste.

Quand on parle du goût français, qui est certainement une part importante de notre capital, on croit qu'il s'agit seulement du dessin, du choix des couleurs; si ce n'était que cela, on pourrait répondre que c'est tout au plus une question d'échantillonnage ; que les fabricants étrangers peuvent acheter, à Lyon, un mètre d'étoffe et en reproduire chez eux des métrages considérables avec une exactitude parfaite. Mais il n'en est rien. Il n'y a que l'ouvrier français pour bien reproduire le dessin inventé par l'artiste français, les couleurs choisies et mariées par lui. On a beau prendre nos échantillons ; on n'en fait ailleurs que des copies inférieures ; on ne produit pas l'identique. Même nos ouvriers transportés au dehors perdent quelque chose de leur qualité. Ils ne le sentent peut-être pas eux-mêmes, mais dès qu'on a leurs produits dans la main, on y reconnaît quelque chose d'exotique. Le dessin est moins correct, la couleur est plus criarde. Les unis eux-mêmes ont moins de finesse et de pureté. C'est le même modèle, la même étoffe ; ce n'est pas la même perfection. Ce n'est pas non plus le même ouvrier. Quand on le transporte au milieu des brouillards anglais, il ne se retrouve plus lui-même ; son imagination s'éteint, son goût s'alourdit. Le goût est une fleur qui naît dans un certain terroir et qu'on ne peut dépayser sans lui ôter son parfum et sa couleur. (Vifs applaudissements.)

Je voudrais être plus versé que je ne suis dans les détails de la fabrication, pour vous faire parcourir la gamme de l'industrie française. Je vous mènerais d'abord dans une filature. Là, il n'est pas question de goût. Que vous tiriez un mètre ou vingt mètres d'une livre de coton, c'est toujours la même opération. Peut-être faut-il avoir la main plus légère pour filer les numéros fins. En tous cas, ce n'est pas dans les filatures françaises que nous pourrons nous en apercevoir ; car, pour le dire en passant, elles ne vont pas plus loin que le nº 50 (sur 600 numéros) ; on a cité comme une merveille une filature de Lille qui a exposé des numéros fins au Champ de Mars. Avec les tissus, nous voyons apparaître l'imagination ; puis vient ce qu'on nomme la nouveauté ; puis les dessins compliqués, les mélanges, les couleurs assorties, les impressions sur étoffes. Les étrangers ne cherchent pas à lutter pour les impressions.

Nous sommes à l'égard des étoffes imprimées, comme les jardiniers de Gand et de Hollande à l'égard des fleurs. Du fond de l'Amérique, on envoie une fleur malade à un jardinier hollandais pour qu'il la soigne et la guérisse, et quand elle a retrouvé ses belles couleurs sous cette culture intelligente, elle reprend le steamboat et retourne dans le Nouveau Monde avec la parure nouvelle que l'Ancien Monde lui a donnée ; il en est de même de l'impression sur étoffes. Les Anglais, les Allemands, pourront faire des métrages à l'infini, ils nous confieront toujours leurs étoffes écrues : le goût français y imprimera toujours ses fleurs, et il les renverra comme la merveille des yeux aux ouvriers qui les ont tissées. (Applaudissements répétés).

Je n'insiste pas sur les améliorations de la vie matérielle que nous devons, et que nous devrons de plus en plus, à l'application de la liberté des échanges. Entrez dans les ateliers : c'est à la liberté qu'on doit l'emploi des nouvelles machines qui diminuent la fatigue, les règlements et les aménagements nouveaux, qui protègent la vie et la santé des ouvriers. Suivez-les, au sortir de l'usine, dans leurs ménages. Vous rappelez-vous le temps où la famille entière était resserrée dans une chambre malsaine, privée de vêtements, de chaussure, des ustensiles les plus nécessaires? Aujourd'hui, les espaces sont plus grands, l'air et la lumière pénètrent partout, les étoffes sont à la portée de toutes les bourses, les troupeaux mêmes d'Amérique fournissent leur contingent à la table de l'ouvrier parisien. L'abolition des barrières qui séparaient et isolaient les peuples, nous a faits citoyens du monde! (Applaudissements). La même révolution s'est produite dans l'ordre moral.

Oui, si la doctrine de la liberté commerciale s'établit, les ouvriers, comme nous tous, y trouveront l'avantage d'avoir plus de liberté dans les relations et dans toutes les transactions. Nos adversaires nous demandent sans cesse de faire intervenir l'Etat dans nos ateliers et jusque dans nos maisons. Il faudrait, si on voulait les écouter, que l'Etat fût attentif à tout ce qu'on perd dans une industrie, à tout ce qu'on gagne dans une autre ! Les prix faiblissent à l'ouest ? Vite, augmentons le tarif. A l'est, la prospérité augmente ? Empêchons cette prospérité de devenir menaçante pour ses rivales moins favorisées par les chances du commerce, ou moins habiles. L'Etat devient ainsi le père de famille universel, au détriment de la liberté ; il prend l'habitude d'exercer le rôle de la providence, d'entrer dans les comptes du fabricant, de prendre ses malheurs ou ses erreurs à sa charge, de rétablir, à l'aide du Trésor public, une égalité factice. Les patrons, de leur côté, s'accoutument à compter sur l'Etat, non sur leur courage ; à demander, plutôt qu'à lutter, et le dirai-je, car le mot est juste, à vivre sous un maître, et à subsister de ses dons. Messieurs, j'admire profondément le négociant qui ne compte que sur lui-même pour vaincre la fortune et mener à bien son entreprise. Je l'admire à la tête de son commerce, comme le capitaine sur son navire, ne partageant avec personne ni la responsabilité, ni l'honneur, et comptant uniquement sur ses capitaux, sur les ressources de sa famille, sur sa probité incontestable, sur son travail infatigable, sur la sûreté de son coup d'œil et la fermeté de son courage. (Applaudissements) ; tandis que celui qui vient humblement mendier la tutelle de l'Etat, qui a peur de se sentir libre, qui demande tantôt des avances, tantôt des secours, qui établit sa prospérité personnelle sur les sacrifices imposés aux consommateurs, je me demande ce qu'il est. Est-ce un commerçant, un industriel, un lutteur ? Non, c'est un fonctionnaire, qui n'a pas le courage de l'être (rires et applaudissements), c'est tout au plus si, un beau jour, il ne demandera pas qu'on lui assure une retraite. Attendez-vous de lui que, ne respectant pas en lui-même sa liberté, il va respecter l'indépendance et la liberté des ouvriers qu'il emploie ? Comme il demande la protection de l'Etat contre la concurrence étrangère, il la demandera aussi contre les exigences des ouvriers.

Eh bien, nous, messieurs, nous ne demandons que la liberté ; nous nous confions à la liberté ; nous sommes dans le plein courant des idées modernes, dans la véritable voie de la démocratie intelligente. Ceux qui veulent à présent relever les barrières entre les peuples demandent à l'humanité de retourner en arrière. La science a fait trop de découvertes, la politique a réalisé trop de progrès pour que l'on puisse rétablir ces entraves surannées et enfermer chaque Etat dans une sorte de muraille de la Chine, sans permettre à ces prisonniers d'une nouvelle espèce de profiter des ressources de leurs

voisins, de leur faire part à leur tour de leurs propres richesses, d'augmenter, par ces échanges, le bien-être commun. Messieurs, ce qui se trouve au-delà de nos frontières, ce
ne sont pas des ennemis : ce sont des hommes, ce sont des
frères ; leurs intérêts sont solidaires avec les nôtres, même
quand ils paraissent se heurter ; le monde a été trop bien
fait pour que nous ayons ainsi à nous créer des difficultés
factices, au lieu de nous confier virilement et loyalement à
la bonne et sainte nature. (Applaudissements répétés.)

A présent, il faut que je m'arrête, et je m'aperçois que je
n'ai pas dit la millième partie de ce que j'aurais à dire. Mes
amis, que vous voyez autour de moi, sont des hommes de
science et de pratique. Pour moi, je ne suis qu'un volontaire,
qui a passé sa vie à combattre l'arbitraire sous tous ses dégui-
sements, et qui réclame la liberté en économie, comme il l'a
toujours réclamée en politique. Est-ce à dire pour moi, pour
mes amis, pour vous tous, qu'il n'y ait rien à faire au profit
de l'industrie? Je suis loin de le penser. Je crois qu'on peut
faire de beaux travaux publics, des dégrèvements d'impôts,
créer en France l'instruction technique qui nous manque
presque complètement ; mais si vous voulez que je vous dise
le fond de ma pensée, je crois que le grand remède, c'est
d'assurer, par une polititique libérale et conservatrice, la paix
au dehors et la sécurité au dedans. (Applaudissements.) La
République a terminé sa période militante ; qu'elle entre à
présent dans la période du travail.

Je ne m'adresse plus à ceux qui m'écoutent ; je m'adresse à
ceux qui nous gouvernent, à tous ceux qui ont une part de
l'autorité, et je leur dis : Rassurez ! (Applaudissements.) Rassurez, et vous allez voir la prospérité renaître ; n'intervenez
pas dans nos affaires, restez au dehors ; faites seulement en
sorte que nous puissions travailler avec sécurité et compter
sur l'avenir. Nous ne vous demandons ni intervention, ni
protection ; mais l'ordre, la paix, la liberté ! (Plusieurs salves
d'applaudissements.)

M. Ad. d'Eichthal. L'attention avec laquelle vous venez
d'écouter l'éloquent et probant discours de l'orateur, les
applaudissements par lesquels vous l'avez interrompu, ceux
dont vous en avez couvert la péroraison nous ont montré que
nous ne nous étions pas trompés en prévoyant l'effet qu'il
produirait sur vous.

Nous venons donc avec confiance vous demander d'appuyer
d'un vote la résolution suivante :

« *La Réunion,*

*Constate avec regret les dommages causés au commerce et à
l'industrie par l'instabilité actuelle de la législation douanière.*

Elle proteste contre la dénonciation intempestive des traités de commerce et demande que les conventions avec les nations étrangères soient renouvelées le plus tôt possible, pour assurer à l'agriculture, au commerce et à l'industrie une fixité sans laquelle ceux-ci ne peuvent vivre et se développer.

Elle considère les tarifs inscrits aux traités de 1860, et années suivantes, comme le maximum des charges douanières qu'on puisse imposer à la consommation française, en vue de favoriser quelques industries qui n'ont d'ailleurs aucun droit à ce privilège.

Elle regarde, par conséquent, l'application de droits de douane supérieurs à ceux en vigueur, depuis dix-huit ans, comme un véritable danger public sur lequel elle appelle l'attention du Gouvernement et des Chambres.

Elle invite enfin les représentants, à tous les degrés, des intérêts nationaux à adhérer à ces déclarations. »

La résolution est votée à l'unanimité.

Paris. — Imp. A. WITTERSHEIM et Cⁱᵉ, quai Voltaire, 31.